BEI GRIN MACHT SICH IHR WISSEN BEZAHLT

- Wir veröffentlichen Ihre Hausarbeit, Bachelor- und Masterarbeit

- Ihr eigenes eBook und Buch - weltweit in allen wichtigen Shops

- Verdienen Sie an jedem Verkauf

Jetzt bei www.GRIN.com hochladen und kostenlos publizieren

Alexander Kauther, Paul Wirtz

Der Flieger-Gedenktag auf dem Flugfeld in Berlin-Johannisthal am Sonntag, den 29. Juni 1930

Heft 22 aus der Dokumentenreihe über den Flugplatz Berlin-Johannisthal 1909 - 1914

GRIN Verlag

Bibliografische Information der Deutschen Nationalbibliothek:

Die Deutsche Bibliothek verzeichnet diese Publikation in der Deutschen Nationalbibliografie; detaillierte bibliografische Daten sind im Internet über http://dnb.d-nb.de/ abrufbar.

Dieses Werk sowie alle darin enthaltenen einzelnen Beiträge und Abbildungen sind urheberrechtlich geschützt. Jede Verwertung, die nicht ausdrücklich vom Urheberrechtsschutz zugelassen ist, bedarf der vorherigen Zustimmung des Verlages. Das gilt insbesondere für Vervielfältigungen, Bearbeitungen, Übersetzungen, Mikroverfilmungen, Auswertungen durch Datenbanken und für die Einspeicherung und Verarbeitung in elektronische Systeme. Alle Rechte, auch die des auszugsweisen Nachdrucks, der fotomechanischen Wiedergabe (einschließlich Mikrokopie) sowie der Auswertung durch Datenbanken oder ähnliche Einrichtungen, vorbehalten.

Impressum:

Copyright © 2012 GRIN Verlag GmbH
Druck und Bindung: Books on Demand GmbH, Norderstedt Germany
ISBN: 978-3-656-23239-1

Dieses Buch bei GRIN:

http://www.grin.com/de/e-book/196188/der-flieger-gedenktag-auf-dem-flugfeld-in-berlin-johannisthal-am-sonntag

GRIN - Your knowledge has value

Der GRIN Verlag publiziert seit 1998 wissenschaftliche Arbeiten von Studenten, Hochschullehrern und anderen Akademikern als eBook und gedrucktes Buch. Die Verlagswebsite www.grin.com ist die ideale Plattform zur Veröffentlichung von Hausarbeiten, Abschlussarbeiten, wissenschaftlichen Aufsätzen, Dissertationen und Fachbüchern.

Besuchen Sie uns im Internet:

http://www.grin.com/

http://www.facebook.com/grincom

http://www.twitter.com/grin_com

Dokumentenreihe zum Flugplatz Berlin-Johannisthal
1909-1914 – Heft 22

Alexander Kauther - Paul Wirtz

„Flieger-Gedenktag auf dem Flugfeld in Berlin-Johannistal am Sonntag, den 29. Juni 1930"

Heft 22
aus der Dokumentenreihe
über den Flugplatz Berlin-Johannisthal 1909-1914.

Der Flieger-Gedenktag auf dem Flugfeld in Berlin-Johannisthal am Sonntag, den 29. Juni 1930.

© Alexander Kauther und Paul Wirtz
www.johflug.de
info@johflug.de

Inhalt

Anmerkungen der Autoren	5
Die Versuche der Wiederbelebung des Flugplatzes ab 1927	6
Das Restaurant „Einsiedler" und die Resolution von 1927	8
Versuche, den Flugplatz zu erhalten	10
Der Gedenkstein am „Alten Startplatz" auf dem Flugfeld Johannisthal	13
Aufbau des Luftfahrt-Museums	21
Die Umsetzung des Gedenksteins vom alten Startplatz zum Luftfahrt-Museum	26
180 Jahr Feier in Johannisthal und das Luftfahrt-Museum der Stadt Berlin	28
Großflugtag in Johannisthal 1934	29
Der damalige Standplatz des Fliegergedenksteins gestern – heute	30
Personenregister	32
Literatur	33
Quellen	33
Zeitungen und Periodika	33
Bildnachweis	33

Anmerkungen der Autoren

Der Johannisthaler Flugplatz - der erste zivile Motorflugplatz Deutschlands - existiert nicht mehr. Er wurde am 26. September 1909 eröffnet und hat im September 1995 mit einer historischen Flugschau endgültig ausgedient.

Heute stehen viele neue Siedlungshäuser direkt auf dem Flugfeld. Fast nichts erinnert mehr an diesen historischen Ort. Kennen die jetzt dort angesiedelten Haus- und Grundstückbesitzer die Geschichten, die mit den Straßen - benannt nach Luftfahrtpionieren - verbunden sind?
Wir bemühen uns mit einer Dokumentenreihe, auch den neuen Eigentümern die Geschichte des Areals sowie die Luftfahrtgeschichte nahe zu bringen.

In einer Zeitung fanden wir den Hinweis, dass ein Fliegerdenkmal oder Flieger-Gedenkstein am alten Startplatz auf dem Flugfeld eingeweiht wurde.
Hierdurch angeregt begannen wir zeitgenössische Dokumente und Bilder zu recherchieren und zusammenzutragen, die Auskunft darüber geben können.

Besonders möchten wir uns bei Helmut Prochnow, dem Verfasser zahlreicher Beiträge zur Adlershofer Ortsgeschichte, für seine uneigennützige Unterstützung dieser Arbeit bedanken.

Die Dokumentation reiht sich in die bereits vorhandenen Hefte ein, die von den Autoren über den Flugplatz Johannisthal für den Zeitraum von 1909-1914 geschrieben worden sind.

Gleichzeitig möchten wir alle Leser bitten, uns Ihre Informationen über den Fliegergedenkstein oder zu anderen Themen der Dokumentenreihe über den Flugplatz Berlin-Johannisthal mitzuteilen. Jeder noch so kleine Hinweis kann dazu beitragen, die noch zahlreichen Lücken zu schließen.

Berlin-Johannisthal im Juni 2012

Die Versuche der Wiederbelebung des Flugplatzes ab 1927

Die "alten Zeiten" der Flugpioniere waren mit Beginn des Ersten Weltkrieg vorbei und bis zum Jahre 1923 verlor Johannisthal auch für den Passagier- und Postflugverkehr immer mehr an Bedeutung. Von Flugbetrieb konnte nicht mehr gesprochen werden. In den Folgejahren lösten sich einige Flugzeugfabriken auf oder verlegten ihre Firmen. Einige kleine Flugzeugkonstrukteure arbeiteten aber ungestört in Johannisthal weiter. Der "alte" Flugplatz existierte nicht mehr und vergeblich versuchten ihre Anhänger ihn wieder zu beleben.

Am 27. Mai 1927 veröffentlichte der Herausgeber der "Flugsportlichen Rundschau" einen zündenen Aufruf, in dem er der Berliner Stadtverwaltung (seit 1920 gehörte Johannisthal zu Berlin) vorwarf, dass sie die einstige Hochburg des Motorfluges völlig vernachlässige, und forderte: Stadtväter, die ihr den Luftbahnhof Tempelhof Jahr für Jahr durch Millionen-Aufwendungen vervollkommnet, wendet auch mal eine Million für Euren Flugsportplatz-Johannisthal-Adlershof an. Und weiter hieß es dort: Die in Johannisthal, Nieder- und Oberschöneweide, Adlershof beheimateten Kräfte haben den Ehrgeiz, den Ruf Johannisthals in der Luftfahrt zu erhalten und möglichst noch zu heben. Ist Tempelhof der Luftbahnhof der Reichshauptstadt, so muß Johannisthal der Flugsportplatz Berlins, Deutschlands sein."[1]

Die Terrain-AG[2] Arthur Müllers, Eigentümerin des Flugplatzgeländes[3], erkannte die Lage und wollte den Grund und Boden vermarkten und eine Wohnsiedlung auf dem Flugfeld errichten. Um das zu verhindern und bestehende Interessenkonflikte zu beseitigen, kaufte die Berliner Stadtverwaltung am 20. Juni 1929 das Gelände. In der Begründung hieß es: "Der Flugplatz wurde erworben, weil die Stadt diesen Platz vor der drohenden Bebauung als Reserveflugplatz für die Zukunft freihalten wollte"[4] Das war die Stunde der Anhänger des Motorflugsports! Es kam zur Gründung der "Arbeitsgemeinschaft zur Förderung des Flugplatzes Johannisthal". Notdürftig wurde mit eigenen Mitteln und großem Engagement das verwahrloste Fluggelände hergerichtet. Die Mitglieder der Arbeitsgemeinschaft waren die Initiatoren für das des Erstellen eines Fliegergedenksteins sowie einem Großflugtag im August 1930. Das Ziel, die Wiederbelebung des Flugplatzes und ein neues Fliegerleben entstehen zu lassen, wurde nicht erreicht. Der Tempelhofer Flugplatz war erfolgreicher und ließ Johannisthal keine Chance. Der Berliner Magistrat verbot der Johannisthaler Arbeitsgemeinschaft weitere Wiederbelebungs-Aktivitäten und Flugveranstaltungen.

---

[1] „Als die Oldtimer flogen. Die Geschichte des Flugplatzes Berlin-Johannisthal", Dr. Günter Schmitt, transpress Verlag, 1987.
[2] Die „Terrain-Aktiengesellschaft am Flugplatz Johannisthal-Adlershof" (Tagafia) wurde am 30. Oktober 1910 gegründet und verfolgte das Ziel, das Terrain weiter zu verkaufen, zu verpachten oder einer gewerblichen Nutzung zuzuführen. Das Mutterunternehmen der „Tagafia" war die Firma „A. M. Bauten und Industriewerke". Der Inhaber war der Gründer des Flugplatzes Johannisthal, Arthur Müller (1871-1935). Die „Terrain-AG" wurde 1937 im Handelsregister gelöscht.
[3] Heft 1 „Entstehung des Flugplatzes Berlin-Johannisthal" aus der Dokumentenreihe über den Flugplatz Berlin-Johannisthal 1909-1914.
[4] ebenda

Der Flugplatz Johannisthal im Jahre 1927.[5]

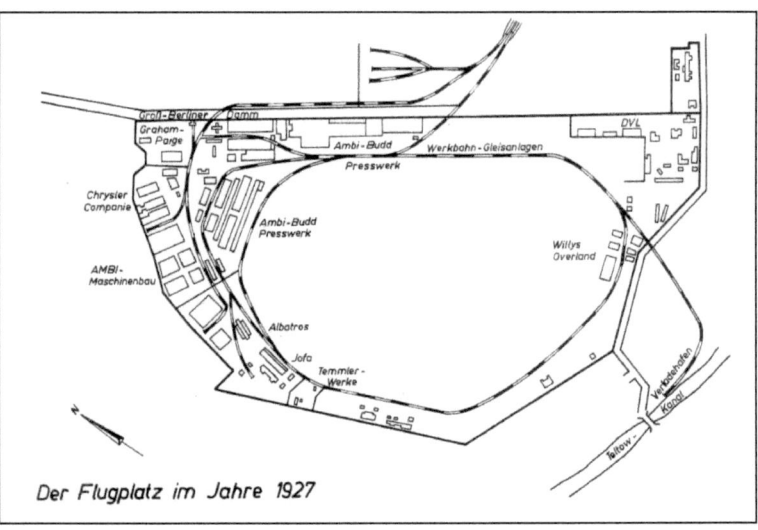

Der Flugplatz im Jahre 1927

---

[5] Beide Fotos aus „Als die Oldtimer flogen. Die Geschichte des Flugplatzes Berlin-Johannisthal", Dr. Günter Schmitt, transpress Verlag, 1987.

Das Restaurant „Einsiedler" und die Resolution von 1927

Das Restaurant „Einsiedler" hatte für die Flugzeugpioniere und für die Entstehung des Fliegerdenkmals eine wichtige Bedeutung. Das Restaurant von *Anna Bortz*, ein typisches Berliner Gartenlokal am Sterndamm, befand sich im Sterndamm auf der einstigen Promenadenseite, etwa auf der Höhe des Staudenweges. Erbaut wurde das Restaurant etwa um 1890. Anfang der 1940er Jahre brannte die Gaststätte infolge der Kriegseinwirkungen ab.

Ansichtskarte 1901 vom „Einsiedler"   *Ansichtskarte 1915 vom „Einsiedler"*

Über den „Einsiedler" berichtete der durch den ersten Ost-West-Atlantikflug mit der „Junkers W 33 Bremen" bekannt gewordene *Ehrenfried Günther Freiherr von Hünefeld (1892-1929)*:

> *„Dieses nette kleine Waldrestaurant hatte eine Sehenswürdigkeit, die ihresgleichen suchte, die sogenannte Schreckenskammer. In diesem Raum war alles an fotografischem Material zusammengetragen, was überhaupt von Flugzeugunfällen zu erlangen gewesen war, und unvergesslich ist mir noch die vergrößerte Fotografie eines Bildes, das sich „Täubchens-Feuertod" nannte und ein in Brand geratenes Rumpler-Flugzeug darstellte, eine ebenso seltene wie grausige Aufnahme. Teile abgestürzter Flugzeuge, teils vom Motor, teils von dem Apparat oder Propeller herstammend, schmückten dieses Zimmer und schwachnervige Leute konnten bei dem Anblick dieses kleinen Raumes schon das Gruseln lernen und sich mit Schaudern für immer von der Fliegerei abwenden."* [6]

Im August 1927 versammelten sich dort Bürger, Flugzeugführer, Handwerker, Arbeiter, Gewerbe- und Handelstreibende von Johannisthal, Adlershof, Altglienicke Nieder- und Oberschöneweide, um ihren Protest zu erheben gegen die Neueinrichtung eines Vorflugplatzes in Britz oder Rudow und gegen die Verlegung der „Deutschen Versuchsanstalt für Luftfahrt" (DVL).

Der Protest wurde in einer Resolution und Denkschrift mit 855 Unterschriften aus allen Kreisen der Bevölkerung im August 1927 an das Reichsverkehrsministerium, an den Magistrat Berlin und an die Stadtverordnetenversammlung Berlin adressiert.

---

[6] „Phönix aus der Asche. Die deutsche Luftfahrt Sammlung Berlin", Michael Hundertmark, Holger Steinle, Silberstreif Verlag 1985.

Zu den Unterzeichnern gehörten der Stadtverordnete *Rudolf Zahn*, der Flugzeugführer *Gustav Raschke (1885-1949)*[7], der Johannisthaler Flugplatzfotograf und Bürgerdeputierte *Franz Fischer*, der Schriftsteller/Journalist *Gustav E. Macholz (1879-1957)*[8] und verschiedene Vereine der Haus- und Grundstücksbesitzer.

In der Resolution[9] vom 3. August 1927 an das Reichsverkehrsministerium, den Magistrat Berlin, die Stadtverordnetenversammlung Berlin usw. hieß es u.a.:

> ...."*Es ist außerdem dringende Dankespflicht des Deutschen Reiches, all den Männern, die auf dem Flugplatz Johannisthal-Adlershof ihr Leben für die Fortentwicklung des deutschen Flugwesens ließen, auch an der Stelle, die die Geburtsstätte der deutschen Fliegerei war, ein Denkmal zu setzen, und sei es nur durch die Beibehaltung der Stätte, an der diese Männer aus allen Volkskreisen und deutschen Landen im Leben gewirkt haben, im Tode vereint wurden.*"

Der Mitunterzeichner der Resolution, Flugplatzfotograf Franz Fischer, bannte alles auf seine Platte, was auf dem Flugplatz geschah.
Dabei half ihm *Herr Gröne*, genannt „Wurzelsepp", der Platzaufseher des Direktors *Major a. D. Georg von Tschudi (1862-1928)*. Gröne bekam von *Fischer* eine Provision. *Fischer* verkaufte nicht nur an Zuschauer, abends schickte er seine neusten Bilder an die Zeitungsredaktionen, überwiegend an die B.Z. am Mittag.
Der Direktor *Georg von Tschudi* kassierte damals dafür auch von *Fischer*, denn der Fotograf konnte sich auf dem Flugfeld ungehindert bewegen.
Auf dem Flugplatz gab es nichts umsonst!

Flugplatzfotograf Franz Fischer.[10]

---

[7] Heft 12 „Papa Raschke - Aus dem Leben des Johannisthaler Holzhändlers, Konstrukteurs und Flugzeugführers Gustav Raschke" aus der Dokumentationsreihe über den Flugplatz Berlin-Johannisthal 1909-1914.
[8] Gustav E. Macholz (6. April 1879 bis 24. Oktober 1957), Journalist und Luftfahrt-Fachschriftsteller (Pseudonym Gustav Westphal), wohnte in der Kaiser-Wilhelm-Str. 45 (heute Sterndamm 83).
[9] Museumsarchiv Treptow
[10] Museumsarchiv Treptow

Versuche, den Flugplatz zu erhalten

Seit 1927 gab es in den Folgejahren mehrere Treffen der *„Alten Adler"*.[11] Es waren die Flugpioniere, die Fluggeschichte geschrieben haben. Sie schlossen sich im Johannisthaler Flieger-Club – kurz *„Johflieg"* genannt – zusammen, pflegten die Tradition und flogen unter Führung von *Gustav Raschkes* mit seinem noch vorhandenen alten LVG-Doppeldecker.[12]

Gustav Raschke engagierte sich in der Johannisthaler „Arbeitsgemeinschaft zur Förderung des Flugplatzes Johannisthal-Adlershof" nach wie vor für die Luftfahrtgeschichte und vor allen Dingen für den Erhalt des Flugplatzes Johannisthal, insbesondere nachdem die Berliner Flughafen-Gesellschaft (BFG) gegründet und der Flughafen ausgebaut werden sollte.

Das Foto zeigt ein Treffen auf dem Flugplatz Anfang 1930. Gustav Raschke steht ganz rechts, angelehnt an seinem LVG-Doppeldecker.

---

[11] Am 16.9.1927 haben sich in Berlin 64 ehemalige Piloten zu einem Stammtisch getroffen und gründeten die Traditionsgemeinschaft „Alte Adler". Bedingung für die Mitgliedschaft waren der Erwerb des Flugzeugführerpatents vor dem Ersten Weltkrieg (1.8.1914).
[12] Amtsblatt des Deutschen-Luftsport-Verbandes (DVL) „Luftschau", 6. Jahrgang, Nr. 9 vom 15. Oktober 1933, Seite 295.

Foto mit Mitgliedern des „Johannisthaler Fliegerklubs" und einige der „Alten Adler" auf dem Flugfeld Johannisthal um 1930.
V. links nach rechts: 1. Albert Mühlig-Hoffmann (1886-1980), 3. Hermann Köhl (1888-1938), 4. Alexander Graf v. Bismarck (1897-1977), 6. Gerhard Sedlmayr (1891-1952), 8. Gustav Raschke.

Das Flugzeug ist ein „LVG-Doppeldecker D 428". Mit diesem Flugzeug flog Gustav Raschke[13] für Filmaufnahmen der „Johannisthaler Filmanstalt GmbH (JOFA)", später für die „Tobis-Tonbild-Syndikat AG".
Es handelt sich um die Aero-Sport-S I, Werknummer 110. Sie gehörte der Firma Aero Express in Leipzig, bevor sie im Oktober 1931 in den Besitz des „Flieger Clubs Johannisthal" kam.
Die S I waren bei der Firma Aero-Sport GmbH in Warnemünde gebaute LVG B III Schulflugzeuge. Die Firma Aero-Sport GmbH war 1923 die erste deutsche Land- und Seeflugschule und gehörte dem alten Marineflieger *Walther Bachmann* (1889-1966). Bachmann gründete später die „Walther-Bachmann-Flugzeugbau KG" in Ribnitz (1934-1945).

---

[13] Siehe „Papa Raschke", Heft 12 aus der Dokumentenreihe über den Flugplatz Berlin-Johannisthal 1909-1914.

In der Zeitschrift „Flugsport" Nr. 10 vom 14. Mai 1930 wurde berichtet:

> „Der Flugplatz Johannisthal ist wieder in Betrieb genommen worden. Es ist ein Verdienst von Gustav E. Macholz, welcher unermüdlich für eine Wiederaufnahme des Flugbetriebes in Johannisthal eingetreten ist. Zur Zeit werden umfangreiche Planierungsarbeiten vorgenommen und der Platz neu eingesät. Der Eingang 6 (heute Stubenrauchstraße/Straße Am Flugplatz) auf der Johannisthaler Seite wird für das Publikum und die Flugzeuge hergerichtet.
> Unabhängig von der Flugplatzverwaltung hat sich aus der Mitte der Eingesessenen des Bezirks eine Arbeitsgemeinschaft zur Förderung des Flugplatzes Johannisthal-Adlershof gebildet, kein Verein, sondern freiwillig gegründet von Männern und Frauen, die guten Willens sind, den weltberühmten Sportflugplatz zu fördern und selbstlose Hilfe zu leisten. Als Treuhänder der Arbeitsgemeinschaft wirkt Flugzeugführer und Holzhändler Raschke. Zur Werbung und zur Auskunftserteilung hat sich Schriftsteller Gustav E. Macholz, Berlin-Johannisthal, Kaiser-Wilhelm-Straße 45, bereit erklärt. Hoffentlich wird auf dem Flugplatz Johannisthal bald wieder ein reger Flugbetrieb einsetzen"._

Ansichtskarte aus dem Jahre 1915. Sie zeigt den Eingang 6 (rechts) zum Flugplatz, der wieder eröffnet werden sollte.

Im Heft 11 der Zeitschrift „Flugsport" vom 28. Mai 1930 wurden die ersten Wiedersehenstage der „Alten Adler" angekündigt.

> „Erste Johannisthaler Wiedersehenstage am 9. und 10. Juni. Unter dem Leitgedanken für „Johannisthal, deutschen Flugsport und deutschen Flugrekord!" finden am 9. und 10. Juni d. J. Fliegerwiedersehenstage im alten Johannisthal statt.
> Die gesamte Veranstaltung liegt in den Händen der „Arbeitsgemeinschaft zur Förderung des Flugplatzes Johannisthal". Anmeldungen von flugsportlichen Vereinen, Abordnungen und Einzelpersonen sind an den ehrenamtlich Beauftragten, den Schriftsteller Gustav E. Macholz, Berlin-Johannisthal, Kaiser-Wilhelm Straße 45, zu richten"._

Der Gedenkstein am „Alten Startplatz" auf dem Flugfeld

Am Sonntag, den 29. Juni 1930 fand auf dem Flugplatz Johannisthal ein Fliegergedenktag statt. Die „Arbeitsgemeinschaft zur Förderung des Flugplatzes Johannisthal" mit seinem Vorsitzenden *Gustav E. Macholz* und dem Johannisthaler Holzhändler und Flugzeugführer *Gustav Raschke* waren die Organisatoren der Veranstaltung. Im Mittelpunkt stand die Enthüllung eines „Fliegergedenksteins" auf dem alten Startplatz des Flugfeldes.

Die „Deutsche Allgemeine Zeitung Berlin" (DAZ) vom 30. Juni 1930 schrieb unter der Überschrift:

> *„Ein Denkmal für die gefallenen Flieger auf dem Flugplatz Johannisthal*:
> *„Auf dem Luftweg waren zahlreiche Gäste zu der Feier eingetroffen. Von den alten Fliegern hatten sich aus allen Teilen des Reiches Kameraden eingefunden. Die Deutsche Lufthansa, der Ring deutscher Flieger und die Kameradschaftliche Vereinigung der Marineflieger und Luftschiffer hatten Abordnungen mit Kränzen entsandt.*
> *Regen Anteil nahm auch die Bevölkerung von Johannisthal und Umgebung an der eindrucksvollen Feier. Der Aufmarsch der Verbände vom Bahnhof Niederschöneweide-Johannisthal zum Flugplatz bot ein geschlossenes Bild. Um 10 Uhr fand dann auf dem Flugplatz ein Feldgottesdienst statt, bei dem Geistliche aller drei Konfessionen sprachen, für die Evangelischen* **Pfarrer Witzig**, *für die Katholischen* **Pfarrer Esser** *und für die jüdischen Teilnehmer* **Rabbiner Dr. Baeck**.

Der ca. zwei Meter hohe Gedenkstein am alten Startplatz.[14] Es ist eine schlechte Zeitungskopie. Im Hintergrund ist kein Gebäude, sondern freies Feld.

---

[14] Foto aus der „Märkische Volkszeitung", Berlin vom 30. Juni 1930.

Der ev. Pfarrer *Walter Witzig* wohnte 1930 in Berlin Neukölln Richardplatz 5.
Der katholische Pfarrer *Dr. phil. Wilhelm Esser* (1877-1934) war während seiner Zeit in Berlin Geistlicher und Redakteur des Berliner Kirchenblattes und gehörte nach dem Ersten Weltkrieg dem Erzbistum Köln an. 1915 war er Gouvernement-Pfarrer in Conflange/Frankreich. Er wohnte 1930 in Berlin, Frankfurter Allee 23.

Dr. phil. Leo Baeck (1873-1956) war Lehrer an der Hochschule für die Wissenschaft des Judentums in der früheren Artilleriestraße 14 in Berlin-Mitte. Auf kaiserlichen Erlass hin durfte der Name „Hochschule" nicht offiziell verwendet werden. Aus Konkurrenzgründen war nur eine „Lehranstalt" genehmigt worden. Zwischen 1907 und 1942 wurden hier Rabbiner der liberalen Richtung ausgebildet (150 Studienplätze). Sie studierten an der Friedrich-Wilhelm-Universität beispielsweise Theologie, Hebräisch und jüdische Theologie oder Philosophie. Der Lehrbetrieb wurde 1942 eingestellt.

In der NS-Zeit war *Dr. Baeck* Oberhaupt der deutschen Juden. Er überlebte Theresienstadt, arbeitete nach dem Krieg in London und starb dort 1956 im Alter von 83 Jahren. Im Jüdischen Volk wird er als der „Heilige von Theresienstadt" verehrt. Das Grab Leo Baecks und seiner Frau *Natalie* (1878-1937) befindet sich in Golders Green, London.

Rabbiner Dr. Leo Baeck[15]

Nach einem Chorgesang des Männergesangsvereins „Hoffnung" aus Johannisthal hielt **Major a. D. Dr. Hildebrandt** (1870-1949)[16] *(Goslar) die Gedächtnisrede. Er erinnerte an die Bedeutung des Flugplatzes Johannisthal für das deutsche Flugwesen im Allgemeinen und wies auf seine zukünftige Aufgabe hin, dem deutschen Flugsport zu dienen. Bei den Klängen eines Reichswehrmusikkorps aus Potsdam wurde dann das Ehrenmal, ein etwa anderthalb Meter hoher Granitstein, enthüllt.*

Dr. Alfred Hildebrandt bei seiner Gedächtnisrede vor dem enthüllten Fliegergedenkstein.[17]

---

[15] Die halbe Hauptstadt", Stadtführer Berlin, 1. Auflage 1987 von Christa Mörstedt-Jauer, Band 2, Verlag Oberhofer Berlin. Dr. Baeck wohnte 1930 in Berlin (10787), Burggrafenstr. 19.
[16] Dr. phil. Alfred Hildebrandt (1870-1949), Ballonführer, Luftschiffer. Heft 30 „Oberstleutnant a. D. Dr. phil. Alfred Hildebrandt aus der Dokumentenreihe über den Flugplatz Berlin-Johannisthal 1909-1914.
[17] Foto aus der Zeitung „Der Montag", Berlin vom 30. Juni 1930.

Bürgermeister Grunow vom Bezirksamt Treptow übernahm das Denkmal in städtische Obhut. Nach dem gemeinsamen Gesang des Deutschlandliedes legten die Abgeordneten der Verbände Kränze vor dem Ehrenmal nieder.

Am Nachmittag wurden in Johannisthal Kunstflüge und Fallschirmsprünge vorgeführt. Besondere Beobachtung fand der Aufstieg eines Montgolfier-Ballons in historischer Aufmachung."[18]

Bürgermeister Bezirk Treptow, Julius Grunow.

Julius Grunow (11. Januar 1873 bis 10. Dezember 1960), vor dem Ersten Weltkrieg Gemeindevertreter, nach Inkrafttreten des Groß-Berliner-Gesetzes am 1. Oktober 1920 wurde Treptow 15. Verwaltungsbezirk. *Grunow* war von 1921-1933 der erste Bürgermeister (USPD/SPD) bis zur zwangsweisen Amtsentfernung durch die Nationalsozialisten am 16. März 1933. Er wohnte 1930 in Berlin-Baumschulenweg Neue-Krug-Allee 8 im Amtsgebäude neben dem Rathaus Treptow.

In der B.Z. vom 30. Juni 1930 war zusätzlich zu lesen, dass neben dem *Bezirksbürgermeister Grunow* auch der *Stadtbaurat Adler* an der Feier vertreten war.

Dr. Ing. Leonhard Maria Adler (1882-1965) wohnte 1930 in Berlin-Wilmersdorf (14197), Rüdesheiner Str. 1. Als Jude in Italien geboren, trat *Leonhard Adler* in Berlin zum Katholizismus über und wurde 1920 der erste katholische Stadtrat Berlins.
Der Verkehrsexperte gründete den Flughafen Tempelhof, emigrierte nach Italien, wurde Berater für FIAT und Alfa Romeo, lebte jahrelang versteckt in Libyen, ging nach dem Krieg ins Kloster und wurde 1956 zum Priester geweiht.

Dr. Leonard Adler als Magistratsbaurat der Stadt Berlin 1925.

---

[18] Zeitung „Der Montag", Berlin vom 30. Juni 1930.

Im Auftrage der Wissenschaftlichen Gesellschaft für Luftfahrt und des Deutschen Luftfahrtverbandes legte **Major a. D. Carganico** *einen Kranz nieder, desgleichen der Vorsitzende des Rings Deutscher Flieger,* **Hauptmann von Wilamowitz-Moellendorf, Flugleiter von Bredow** *im Auftrage der Deutschen Luft-Hansa und die Kameradschaftliche Vereinigung der Marineflieger.*

Musikalisch wurde die Feier von der Reichswehrkapelle der Fahrabteilung Lankwitz unter Leitung von **Obermusikmeister Thiele** *und von dem Männergesangsverein „Hoffnung", Johannisthal, wirkungsvoll umrahmt."*

Victor Carganico (1887-1945) war um 1908-1909 beim Eisenbahn-Regiment 1, später Kompaniechef und am Bau des Flugplatzes Johannisthal beteiligt. 1916 erhielt er seine Flugzeugführerlizenz. 1934 war er Kommandant von Tempelhof. 1940 u. a. Kommandant des Flugplatzes Schwerin-Görris. Um 1944 wurde er als Generalmajor zur „Führerreserve" des Oberkommandos der Luftwaffe (OKL) versetzt.
Am 27. Mai 1945 wurde er auf seinem Gut in Angermünde von russischen Soldaten erschossen.

In der „Märkischen Volkszeitung Berlin" und der „Magdeburgischen Zeitung" vom 30. Juni 1930 war weiterhin zu lesen:

Es sprach als Vertreter des Bischofs Dr. Schreiber[19], **Dr. Esser**.
Major Hildebrandt *gab in seiner Gedächtnisrede einen historischen Rückblick auf Gründung und Geschichte des Flugplatzes Johannisthal-Adlershof und gedachte in huldigenden Worten der Großtaten der Flughelden* **v. Hünefeld[20], Köhl, Immelmann[21], Boelcke[22]** *und der Johannisthaler Flugpioniere.*
Professor Junkers *(1859-1935) und die Deutsche Luft-Hansa hatten ein Flugzeug entsandt. Telegrafische Glückwünsche übersandten außerdem* **Professor Boelcke-Dessau, Freifrau v. Hünefeld, Professor Junkers** *und der Deutsche Luftrat,* **Professor Hoff** *von der Deutschen Versuchsanstalt für Luftfahrt (DVL),* **Major a. D. von Kehler, Geheimrat Fisch[23]** *vom Reichsverkehrsministerium.*

---

[19] Dr. Christian Schreiber (1872-1933) ab 1929 Oberhirte des neuen katholischen Bistums Berlin
[20] Ehrenfried Günther Freiherr v. Hünefeld (1892-1929), Ozean- und Ostasien-Flugpionier.
[21] Max Immelmann (1890-1916). Deutscher Jagdpilot im Ersten Weltkrieg, Beinamen Adler von Lille. Er wurde als Fliegerass bewundert.
[22] Oswald Boelcke (1881-1916). war einer der bekanntesten deutschen Jagdflieger im Ersten Weltkrieg. Er entwickelte mit die ersten Einsatzgrundsätze der Luftkampftaktik.
[23] Willy Fisch (1886-1963), Flugzeugführerberechtigung Nr. 107 am 9. September 1911 mit einem Wright-Zweidecker auf dem Exerzierplatz Döberitz. Leitung des Referats für die Verkehrsluftfahrt in der Dienststelle für die zivile Luftfahrt des Reichsverkehrsministerium (RLM). Als Leiter des Allgemeinen Luftamtes unterstanden ihm der Abteilung I (Luftpolitik, Luftverkehr und Luftrecht, Angelegenheiten der Bodenorganisation). 1926 wirkte er bei der Gründung der „Deutschen Luft Hansa AG" mit. Ab 1933 Leiter des Allgemeinen Luftamtes im RLM. Zuletzt mit dem Dienstgrad General der Flieger.

Prof. Wilhelm Hoff [24]   Richard von Kehler [25] (1934)   Willy Fisch

Die 4. Kompanie des Infanterie-Regiments Nr. 9[26] hatte eine Deputation entsandt, bestehend aus einem Offizier, einem Unteroffizier und zehn Mann, die Reichsmarine eine solche aus einem Offizier, einem Unteroffizier und einem Maat.

Inschrift:

„Unsern in Johannisthal gefallenen Flugpionieren"

Der zum Gedächtnis der im Krieg und Frieden in Berlin-Johannisthal tödlich abgestürzten Flugpioniere auf dem Flugfeld Johannisthal aufgestellte Gedenkstein am 29. Juni 1930.[27] Der Stein steht auf freiem Flugfeld. Im Hintergrund ist die Abzäunung des Flugplatzes zu erkennen.

---

[24] Prof. Dr. Ing. Wilhelm Hoff (1883-1945) war von 1920-1936 in der DVL, 1945 Freitod mit seiner Frau in seiner Wohnung in Berlin-Köpenick, Gutenbergstr. 2 nach dem Einmarsch der sowjetischen Truppen. 2002 ist in Berlin-Adlershof eine Straße nach ihm benannt.

[25] Richard v. Kehler (1866-1943), Deutscher Luftschiffpionier, Militär, Ballonfahrer und Unternehmer. 1924 Präsident des Deutschen AERO-Clubs und ab 1933 Ballonfabrik in Stralsund. 1930 wohnte er in Berlin-Charlottenburg (14057), Dernburgerstr. 49.

[26] Das 9. Infanterie-Regiment wurde am 1. Januar 1921 als Bestandteil der Reichswehr der Weimarer Republik in Potsdam aufgestellt. Es unterstand bis zum 14. Oktober 1935 der 3. Division im Wehrkreis III (Berlin).

[27] Foto aus der „Märkische Volkszeitung", Berlin vom 30. Juni 1930.

Hauptmann a. D. Dr. phil. Alfred Hildebrandt bei seiner Gedenkrede zur Fliegerdenkstein-Enthüllung am 30. Juli 1930 auf dem alten Startplatz.[28]

Leider konnte bisher der genaue Standort des Fliegergedenksteins auf dem damaligen Flugfeld nicht bestimmt werden.

---

[28] Drei Fotos von der Fliegerstein-Enthüllung vom Archiv des Deutschen Technik Museums Berlin, Nachlass des Pressefotografen Hans Schaller, der sich der Dokumentation der Luftfahrt gewidmet hatte (Archivnummer VI.1.040/1923).

Foto vom 29. Juni 1930.[29]

---
[29] Bundesarchiv Bild 102.10033.

Aufbau des Luftfahrt-Museums auf dem Flugfeld Johannisthal

Im Jahre 1923 erwarb die Stadt Berlin das Tempelhofer Feld von der Militärverwaltung. Nun wurde das Feld auf Betreiben des *Stadtbaurats Dr. Leonard Adler (1882-1965)* zum Zentralflughafen umgebaut. Der Berliner Senat beschloss, dort auch ein Luftfahrtmuseum zu errichten. 1925 folgte ein Magistratsbeschluss für die Errichtung eines Reichsluftfahrt-Museum in Berlin.

Hauptmann a. D. Georg Krupp[30] leitete die Vorbereitung. Durch seine Aktivitäten wurde 1929 eine kleine Ausstellung in zwei Baracken auf dem Flugplatzgelände in Tempelhof eröffnet. Aus alten Lagerhallen, Rumpelkammern, Luftschiffhallen, behördlichen Schuttablageplätzen wurden all die verbogenen, verrosteten und verschrotteten Flugzeugteile herausgesucht und mühselig wieder zusammengesetzt. Echter und begeisterter Idealismus wurde für eine wertvolle Sache eingesetzt!

Georg Krupp[31]

Das Ziel, ein der Reichshauptstadt angemessenes Luftfahrtmuseum einzurichten, wurde weiter verfolgt und unter Leitung von *Georg Krupp* wurde Luftfahrtmaterial zusammengetragen und in Tempelhof eingelagert. Allerdings reichten die beiden Baracken in Tempelhof für die Fülle des Materials nicht aus. Dafür wurden zusätzlich auf dem Flugplatz Johannisthal Hallen angemietet.

Es war der Hallenkomplex, der nach dem Großbrand von 1916 von dem deutsch-amerikanischen Karosseriehersteller AMBI nach modernsten Erkenntnissen neu aufgebaut wurde und der Montage von LFG-Flugzeugen dienen sollte. Dafür gab es jedoch 1919 keinen Bedarf mehr. Die „Luftfahrzeug-Gesellschaft m.b.H. (LFG)" wurde am 30. April 1908 in Berlin gegründet. Gegenstand des Unternehmens waren „Herstellung, Vertrieb und Verwendung von Luftfahrzeugen". 1909 wurde die „Flugmaschine Wright GmbH" ein Zweigunternehmen der LFG gegründet. Während des Ersten Weltkrieges lieferte die LFG vier Luftschiffe an Heer und Marine und erhielt kleinere Aufträge zum Lizenzbau von Albatros-Flugzeugen. Der Bau von Flugzeugen wurde 1933 eingestellt, die LFG verließ Johannisthal und nahm später den Flugzeugbau in Stralsund und Seddin wieder auf.

---

[30] Krupp erlernte auf einem Grade-Eindecker das Fliegen, war im Ersten Weltkrieg Kommandeur der Riesenflugzeugabteilung 501, von 1919-1929 Generalsekretär der Wissenschaftlichen Gesellschaft für Luftfahrt (WGL). 1936 Mitarbeit am Bildsammelwerk "Aus heiterem Himmel. Die Luftfahrt aller Völker in Karikatur und Humor".
[31] Foto aus „Flugzeuge mit Geschichte", Steinle/Venn, HEEL-Verlag GmbH, 2009, Seite27

Als die Verwaltung des Flugplatzes Johannisthal an die „Berliner Flughafen-Gesellschaft (BFG)" am 1. August 1931 übertragen wurde, begann *Georg Krupp* mit der Sanierung der größten Fabrikhalle an der damaligen Rudower Chaussee (heute Carl-Scheele-Straße), dem zukünftigen Standort eines Luftfahrtmuseums in Berlin in der Nähe der „Deutschen Versuchsanstalt für Luftfahrt (DVL)."
Diese Hallen lagen zwischen der Firma AUTOFLUG von *Gerhard Sedlmayr*[32] auf dem Adlershofer Teil des Flugplatzes Johannisthal und der „Willys Overland Crossley GmbH". Die „Willys Overland Crossley Ltd." war ein englisches Unternehmen mit US- amerikanischer Beteiligung mit Sitz in Stockport nahe Manchester. Sie bestand von 1919 bis 1933. Sie gründete 1927 die rechtlich selbständige „Willys Overland Crossley GmbH" in Berlin, die legal bis 1971 existierte. Man richtete in den 3 Hallen eine Fertigung mit Montagebändern ein und konnte nach weniger als einem Jahr bereits das 1000. Auto ausliefern. Hergestellt wurden amerikanische PKW der Marken Willys und Overland. Ab 1932 fertigte man den Kleinwagen Austin Seven und importierte außerdem das gesamte Austin-Programm. Die damalige offizielle Anschrift in Berlin-Adlershof war die Rudower Chaussee 31-41.

1928 – Gebäude an der Rudower Chaussee in Berlin-Adlershof.[33]

---

[32] Gerhard Sedlmayr (1891-1952), Flugzeugführerberechtigung Nr. 162 am 20. Februar mit einem Wright-Zweidecker auf dem Flugfeld Johannisthal. Er gründete am 1. Oktober 1919 in Berlin-Johannisthal ein „Spezialhaus für **AUTO**mobil und **FLUG**wesen, AUTOFLUG".
In den 20er Jahren begann eine Zusammenarbeit mit IRVIN, als „AUTOFLUG" den modernen Fallschirm in Deutschland einführte und später in Lizenz fertigte. In den 1930er Jahren waren die Irvin-Fallschirme das Hauptprodukt von AUTOFLUG, da dieser Fallschirm zur Standardausrüstung der deutschen Luftwaffe gehörte. Das Werk in Berlin wurde im Zweiten Weltkrieg zerstört. Das Unternehmen siedelte ab 1959 in Rellingen an und befindet sich heute im Besitz der Familie Sedlmayr.
[33] Foto Klaus Gebhardt

Die Halle in der Mitte wurde das künftige Luftfahrt-Museum der Stadt Berlin.

Weitere Fotos von Gebäuden an der Rudower Chaussee in Berlin-Adlershof um 1928.[34]

---

[34] Fotos Klaus Gebhardt.

Vorläufige Einlagerungen von Ausstellungsexponaten in Johannisthal.[35]

---

[35] Mit Genehmigung des Bildarchivs Foto Marburg (www.fotomarburg.de).

Foto aus den Einlagerungshallen auf dem Flugplatz Johannisthal um 1930/31.[36]

Die „Berliner Flughafen-Gesellschaft mbH", Berlin-Adlershof, Rudower Chaussee 31/41 eröffnete diese Ausstellung in einer 5000 qm großen ehemaligen Fertigungshalle der AMBI-Werke am **15. November 1932** mit vielen Exponaten, auch vom Besitzer des Restaurants „Flieger-Heim Franz Tolinski"[37] in Johannisthal, Friedrichstraße 17 (heute Winckelmannstraße 68).

Franz Tolinski gab große Teile seiner Sammlung an das Luftfahrtmuseum auf dem Flugplatzteil in Berlin-Adlershof ab. Bis zum **8. Oktober 1934** war das Luftfahrtmuseum dort zu besichtigen. Aufgrund seines ungünstigen Standortes und des damit verbundenen Besuchermangels wurde das Museum am 8. November 1934 geschlossen und eröffnete rechtzeitig zu den Olympischen Spielen als „Deutsche Luftfahrtsammlung" am 20. Juni 1936 in Alt Moabit auf einer Fläche von 13.000 qm.

Mit der Deutschen Luftfahrt-Sammlung war es dem langjährigen Leiter der Wissenschaftliche Gesellschaft für Luftfahrt (WGL) und nun Direktor des Adlershofer Museums, *Georg Krupp*, gelungen, aus der Vergleichsweisen kleinen Adlershofer Sammlung ein repräsentatives Luftfahrtmuseum auszubauen, das größte dieser Art auf der Welt".[38]

---

[36] Mit Genehmigung des Bildarchivs Foto Marburg (www.fotomarburg.de)
[37] Heft 2 „Restaurant und Bruchmuseum Flieger-Heim Franz Tolinski" aus der Dokumentenreihe über den Flugplatz Berlin-Johannisthal 1909-1914.
[38] Phoenix aus der Asche-Die Deutsche Luftfahrt Sammlung Berlin, Michael Hundertmark und Holger Steinle, Verlag Silberstreif Berlin, 1985.

Umsetzung des Gedenksteins vom alten Startplatz zum Luftfahrtmuseum

Im Zusammenhang mit der Eröffnung des Luftfahrt-Museums der Stadt Berlin im November 1932 in Johannisthal wurde der Gedenkstein vor die Eingangshalle des Museums verlegt.

Haupteingang zum Luftfahrt-Museum in Adlershof, Rudower Chaussee 31-34 im Jahre 1932 in der ehemaligen Fertigungshalle der Firma AMBI in der in Berlin-Adlershof. Die Inschrift AMBI ist oben noch schwach zu erkennen.[39]

Auf diesem Foto sind noch keine Umbauten für die Verlegung des Fliegergedenksteins zu sehen. Der Stein wurde auf dem ersten neu angelegten bepflanzten Rasenteil vor den Haupteingang des Luftfahrt-Museums aufgestellt (vgl. Foto Seite 26).

Das nachfolgende Foto zeigt die erneute Einweihung und Verlegung des Gedenksteins vom alten Startplatz zum Haupteingang des Museums anlässlich der Feier „180 Jahre Johannisthal" und der stattgefundenen Veranstaltungen auf dem Flugfeld im September/Oktober 1933.

---

[39] Foto Klaus Gebhardt.

Links Simon Brunnhuber[40], daneben Jentsch, Mitte Victor Cargancico, rechts Karl Schwabe[41]. (Dritter v. links und zweiter v. rechts sind nicht bekannt).[42]

Es ist denkbar, dass später der Fliegergedenkstein mit Schließung des Luftfahrt-Museums in Adlershof und neuer Eröffnung in Berlin-Moabit dorthin kam, denn am alten Standort Adlershof oder Johannisthal hätte er seine Berechtigung durch den Neubau des Flughafens Tempelhof verloren. Überliefert ist auch, der Gedenkstein wäre zum Flughafen Tempelhof gekommen. Dafür gibt es aber keine Hinweise.

Eine weitere denkbare Version für das „Verschwinden" des Denkmals ist die Judenverfolgung im Nationalsozialismus. *Unzählige deutsche Juden haben im Weltkrieg 1914 bis 1918 ihr Leben verloren, nicht wenige sind sogar nach 1933 so überzeugte Deutsche geblieben, dass sie den Naziwahn einfach nicht wahrhaben wollten. Sehr zu ihrem Verhängnis, wie wir heute wissen.[43]*

Die Fläche und die Gebäude am ehemaligen Museum sind zum Kriegsende durch die gezielten Bombenangriffe völlig zerstört worden, so auch sicher der Gedenkstein.

---

[40] Simon Brunnhuber mit dem „Decknamen" Dr. Brück (1884-1936), Flugzeugführerberechtigung Nr. 20 am 6. August 1910 auf einem Farman-Zweidecker auf dem Exerzierplatz Döberitz.

[41] Karl Schwabe nahm am Kairo-Oasen-Rundflug 1933 teil und 1933, erhielt er für seinen Afrikaflug von Böblingen nach Kapstadt den Hindenburgpokal (vgl. Supf, Band 2, Seite 555, 559).

[42] Foto von der Gesellschaft zur Bewahrung von Stätten deutscher Luftfahrtgeschichte (GBSL) e.V. (www.luftfahrtstaetten.de).

[43] Felix A. Teilhaber „Jüdische Flieger im Weltkrieg", Selbstverlag 2009.

180 Jahr Feier in Johannisthal

Vom 30. September bis 2. Oktober 1933 fanden die Feierlichkeiten anlässlich „180 Jahre Johannisthal" (1753-1933) statt.
Die Pionierarbeit in Johannisthal an der Luftfahrt zeigte das eröffnete „Luftfahrt-Museum der Stadt Berlin" auf dem historischen Flugplatzgelände.

Im Programmheft stand: „Es ist Pflicht eines jeden Festteilnehmers, dieses Museum zu besichtigen".[44]
Einige Besucher des Museums gedachten mit Blumen am Fliegergedenkstein den in Johannisthal gefallenen Flugpionieren.

Festumzug, Aufnahme am Sternplatz.[45]

---

[44] „180 Jahre Johannisthal", Festschrift und Festfolge vom 30.9.-3.10.1933 im Original vorhanden.
[45] Foto Museum Treptow. Siehe Heft 23 „Das Haus am Sternplatz" aus der Dokumentenreihe über den Flugplatz Berlin-Johannisthal 1909-1914.

Großflugtag in Johannisthal

Anlässlich des 25jährigen Bestehens des Flugplatzes Johannisthal veranstaltete der Deutsche Luftsportverband Flieger-Untergruppe I, die Fliegerlandesgruppe XIV des DLB und der Reichsluftschutzbund Landesgruppe Groß-Berlin im September 1934 einen Großflugtag.
Neben verschiedenen Veranstaltungen und Flugvorführungen erhielt *Hans Grade*[46] eine besondere Ehrung. Er flog mit seinem historischen Apparat in der traditionellen „Gipfelhöhe" von 10 bis 15 m im langsamen Tempo, wie im Jahre 1910, an den Zuschauern vorüber. Auch *Gustav Raschke* beteiligte sich mit seinem LVG-Doppeldecker an den Vorführungen und setzte sich weiterhin für den Erhalt des Flugplatzes ein.

Flugfeld Johannisthal am 16. September 1934.

Deutsche Luftfahrtsammlung in Adlershof (hinterer Eingang auf dem Flugfeld) am 16. September 1934. Links die Firma „AUTOFLUG" von Gerhard Sedlmayr. Im Vordergrund wurde der Heißluftballon „Stadt Guben" am 15. September 1934 gestartet.

---

[46] Hans Grade (1879-1946), Flugzeugführerberechtigung Nr. 2 vom 1. Februar 1910 mit seinem Grade-Eindecker auf dem Flugplatz Johannisthal.

Der letzte Standplatz des Fliegerdenkmals gestern - heute

Luftbild[47] vom Standort der Firma „AUTOFLUG" und des Luftfahrt-Museums:

⇨ Zu sehen ist ein Abschnitt des im Jahre 1909/10 errichteten drei Meter hohen und etwa sieben Kilometer langen Bretterzaunes um das gesamte Flugfeldgelände der alten Rudower Chaussee[48]. Diese Straße ist ab 1936 mit den Baumaßnahmen der Deutschen Versuchsanstalt für Luftfahrt (DVL) verlegt worden.

Nach links geht es zum Bahnhof Adlershof und rechts am Bildrand die ehemalige Werkhalle der AMBI-Werke und später die Hallen für das Luftfahrt-Museum.

---

[47] Foto aus dem Nachlass Gerhard Sedlmayr, erhalten von Andreas Sedlmayr, Hamburg
[48] Die Straße entstand vor 1893. Die Straße folgt einer im 18. Jahrhundert angelegten Wegeverbindung, die Adlershof bzw. Köpenick mit Rudow verband. Die Rudower Chaussee wurde bereits im Adressbuch von 1893/94 erwähnt. Sie verläuft heute auf der südwestlichen Seite der Bahnlinie Adlershof-Schöneweide vom S-Bahnhof Adlershof in Richtung Teltowkanal. Der einstige südliche Abschnitt der Rudower Chaussee, von der Wredebrücke über den Teltowkanal bis zur Rudower Straße, war vorher ein Teil der überwiegend auf Neuköllner Gebiet liegenden Köpenicker Straße und wurde durch Beschluss vom 20. November 1959 in die Rudower Chaussee einbezogen. Nach 1973 erfolgte eine Verkürzung der Rudower Chaussee, und der über den Kanal zur Rudower Straße in Altglienicke führende Abschnitt wurde aufgehoben. Die Straße verläuft heute nur noch bis zum Eisenhutweg nördlich des Teltowkanals (Lexikon der Berliner Straßennamen).

Luftbild[49] vom Technologiezentrum Berlin-Adlershof um 2009/2010:

▯ Standort des damaligen Haupteinganges zum Luftfahrt-Museum und Vorplatz für das Fliegerdenkmal (vgl. Bild Seite 30).

⇨⇦ Die damalige „alte" Rudower Chaussee. Hier war die Holzumzäunung für das damalige Flugfeld (siehe Bild Seite 29). Heute ist es die Carl-Scheele- Straße[50].

⇦⇨ Die heutige Rudower Chaussee verläuft in der Bildmitte nach links zum Bahnhof Adlershof.

---

[49] Presse- und Informationsamt des Landes Berlin und Berlin Partner GmbH.
[50] Straße wurde 1998 nach dem schwedischen Chemiker Carl Wilhelm Scheele (1742-1786) benannt.

Personenregister:

Name	Seiten
Adler Dr., Leonhard Maria	15, 21
Bachmann, Walther	11
Baeck, Dr., Leo	13
Baeck, Natalie	14
Boelcke, Oswald	16
Boelcke-Dessau, Prof.	16
Bortz, Anna	8
Brunnhuber, Simon	27
Carganico, Victor	16, 27
Esser, Dr. phil., Wilhelm	13, 14, 16
Fisch, Willy	16, 17
Fischer, Franz	9
Grade, Hans	29
Graf von Bismark	11
Gröne (genannt "Wurzelsepp")	9
Grunow, Julius	15
Hildebrandt Dr. phil., Alfred	14, 16, 18
Hoff Prof. Dr.-Ing, Wilhelm	16, 17
Hünefeld, Ehrenfried Günther Freiherr	8, 16
Immelmann, Max	16
Jentsch	27
Junkers, Hugo	16
Köhl, Hermann	11, 16
Krupp, Georg	21, 22, 25
Macholz, E. Gustav	9, 12, 13
Mühlig-Hoffmann, Albert	11
Müller, Arthur	6
Raschke, Gustav	9, 10, 11, 12, 13, 29
Schreiber Dr., Christian	16
Schwabe, Karl	27
Sedlmayr, Gerhard	11, 22, 29
Thiele	16
Tolinski, Franz	25
von Bredow	16
von Kehler, Richard	16, 17
von Tschudi, Georg	9
Wilamowitz-Moellendorf	16
Witzig, Walter	13, 14
Zahn, Rudolf	9

Literatur

Als die Oldtimer flogen, Schmitt, Günter, transpress-Verlag 1987
Flugzeuge mit Geschichte, Die Luftfahrtsammlung des Deutschen Technikmuseums Berlin, Steinle/Venn, HEEL-Verlag GmbH, 2009.
Heft 1, 2, 12, 23 aus der Dokumentationsreihe über den Flugplatz Berlin-Johannisthal 1909-1914, Kauther/Wirtz.
Phönix aus der Asche. Die deutsche Luftfahrt Sammlung Berlin, Michael Hundertmark, Holger Steinle, Silberstreif Verlag 1985.

Quellen

Deutsches Dokumentationszentrum für Kunstgeschichte, Bildarchiv Foto Marburg
Deutsches Technik Museum Berlin
Gesellschaft zur Bewahrung von Stätten deutscher Luftfahrtgeschichte e.V. (GBSL)
Helmut Prochnow, Adlershof
Museum Berlin-Treptow
Thomas Fessler, Schweiz (Zwei Fotos aus seiner Privatsammlung)

Zeitungen und Periodika

Berliner Börsenzeitung vom 30. Juni 1930
Berliner Rundschau vom 1. Juli 1930
B.Z. am Mittag vom 30. Juni 1930
Der Montag Berlin vom 30. Juni 1930
Deutsche Allgemeine Zeitung vom 30. Juni 1930
Deutsche Flugillustrierte vom 16. September 1934
Luft- und Kraftfahrt, Nr. 10 vom 15. Oktober 1934
Märkische Volkszeitung Berlin vom 30. Juni 1930
Zeitschrift Flugsport 1930

Bildnachweis

Die Fotoquellen sind in den Fußnoten vermerkt. Ist das nicht der Fall, so stammen sie aus der Sammlung von Alexander Kauther und Paul Wirtz.